Smart Finance Control

CURSO PRÁTICO DE ECONOMIA DOMÉSTICA

UMA FERRAMENTA INDISPENSÁVEL PARA QUEM DESEJA ESTAR EM PAZ COM SUAS FINANÇAS!

APRESENTAÇÃO

Seja muito bem-vindo ao Smart Finance Control, um curso teórico-prático, intuitivo, atrativo e desenvolvido para usuário não especializado em finanças. Um curso que poderá tornar-se um divisor de águas em sua relação com as finanças.

É uma ferramenta que embora seja de fácil assimilação, tem recursos sofisticados para que o usuário comum possa gerenciar as finanças de maneira simples e objetiva.

Foi desenvolvida para fornecer dados precisos para tomada de decisões sobre finanças, com técnicas de cortes e reduções de despesas.

É um recurso de uso sem vencimento, pois vem com direito a uma super planilha Excel formatada e testada para uso seguro, imediato e ininterrupto.

O usuário poderá ainda usar um recurso para acessar sua planilha de qualquer lugar com internet através de smartfone, tablets ou notebooks.

Mais que uma ferramenta de controle, este curso vai permitir gerenciar finanças, definir estratégias e superar dificuldades financeiras.

Além disso, o Smart Finance Control disponibiliza 7 videoaulas super práticas para a completa assimilação deste curso. Estas 7 videoaulas poderão ser acessadas pelo site que dará suporte a este curso, no seguinte endereço:

https://jbatistapereira20.wixsite.com/website

CONHECA AS HABILIDADES QUE VOCÊ VAI DESENVOLVER NESTE CURSO

- ✓ Você vai estar habilitado para conduzir bem sua vida financeira;
- ✓ Você vai estar habilitado a gerenciar adequadamente suas finanças;
- ✓ Você vai estar habilitado reverter processos de endividamento;
- ✓ Você vai estar habilitado a planejar e replanejar com eficácia suas finanças.

***** Lembre-se**

> *"A inteligência resolve problemas e gera dinheiro. O dinheiro sem inteligência financeira desaparece depressa."*
>
> Robert Kiyosak

SUMÁRIO DESTE CURSO

INTRODUÇÃO

Você que adquiriu este material, está muito interessado em **saber como economizar**. Esta questão deve estar sempre associada a um relevante questionamento: **qual a importância de um correto gerenciamento do nosso dinheiro?** Este é o centro da proposta deste curso: fazer um trabalho com você de reeducação financeira. **Ensinar você a economizar de verdade!**

Economizar de verdade significa sair de uma armadilha muito comum entre as pessoas: o autoengano. Significa na prática, que a gente fica tentando se enganar com as contas. Tenta acreditar que vai chegar um dinheiro extra que nunca chega, pensa num valor baixo da fatura do cartão que não ocorre, projeta um gasto menor com supermercado que não acontece, faz de conta que determinada despesa não vai aparecer e aparece etc. É urgente fugir dessas armadilhas! Nossa proposta vai ser muito prática. Nada de mergulhar em conceitos vagos e sem aplicabilidade concreta. Não temos tempo para isso. Concorda?

Muito bem. Este material, se devidamente estudado e aplicado, garanto que poderá mudar o perfil financeiro seu e da família. Vale lembrar que as pessoas são diferentes umas das outras e por isso, seguem caminhos diferentes em diversas áreas da ação humana. Nas finanças não é diferente. E outra coisa muito importante aqui é que em nossa cultura, há pouquíssima preocupação com o que chamamos de educação financeira. Seguimos caminhos diversos ao tentar cuidar de dinheiro e muitas vezes erramos por detalhes, por desorganização, por inexperiência, por falta de foco etc.

É exatamente em sua educação financeira que queremos atuar. Queremos ajudar você. Por isso trabalhamos fortemente na formatação deste curso, para que você encontre nele, um caminho simplificado, dinâmico, e sobretudo que dê o resultado que você espera. **O pequeno investimento que você fez vai possibilitar conquistas surpreendentes!**

Neste sentido, nossa equipe primeiro **quer, por um breve instante, te PARABENIZAR pela escolha deste curso.** Como se diz, toda caminhada começa pelo primeiro passo. Depois dos parabéns, agora queremos te dizer que, para uma reeducação financeira adequada, você vai precisar fazer um exercício: **você vai vestir a pele de um paciente. Isso mesmo! Logo você entenderá!**

Algo extremamente valioso será ainda contemplado neste curso: o atingimento de metas. Se você tem uma meta e para atingi-la precisa de dinheiro, será preciso habilidade, inteligência e obstinação. Sua meta pode ser a mais comum: pagar as contas e ficar sem dívidas. Ou podem ser outras que se seguem, depois de superada essa primeira. Pergunto: quanto tempo você precisará para atingir sua meta? Depende da organização do ganho, do gasto, investimento e o montante de dinheiro necessário.

Sendo assim, o objetivo geral deste curso é te dar ferramentas, é ampliar sua experiência financeira, é tornar você capaz de gerenciar seus sonhos. <u>Sonhos se conquistam com olhos abertos e cabeça em plena atividade. Siga em frente!</u>

É impossível atingir o que se deseja sem trabalhar fortemente para atingir tal objetivo. Outra coisa: se uma pessoa continuar fazendo as mesmas coisas de sempre, o resultado será sempre o mesmo.

Nossa proposta metodológica, como você já está percebendo é sofisticada, intuitiva e altamente eficaz, onde você vai compreender e ver o real sentido de quatro conceitos fundamentais para quem deseja organizar bem suas finanças. Para isso, usaremos aqui a analogia da medicina:

1. SINTOMAS	2. DIAGNÓSTICO	3. TRATAMENTO	4. MANUTENÇÃO

Isso carrega um componente pedagógico muito interessante. Você vai ver que a vida financeira imita a vida biológica. <u>A saúde financeira é semelhante à saúde biológica, em vários parâmetros: prazer, conforto, alegria, mobilidade, conquistas, aventuras etc.</u> E mais: tudo está interligado de uma maneira ou de outra.

Dessa forma, queremos convidar você a embarcar nesta viagem. Você vai (re)descobrir coisas que farão todo sentido. Você vai se surpreender com tudo o que será capaz de fazer. Outra coisa muito importante: **manter os 21 dias!**

No penúltimo bloco, trabalharemos a prática da planilha Smart. Ela foi formatada e exaustivamente testada para quem precisa manter as finanças sob total controle. **Aliás, a palavra mágica no trabalho com essa planilha é controle.** É o coração deste curso! **Desafiamos você a trabalhar intensamente com nossa planilha por 21 dias.**

Por que a proposta de 21 dias? Porque 21 dias é um período importante para se criar um hábito mais sólido na vida! Mudar o drive. E com as finanças ocorre da mesma forma: **após os 21 dias fazendo o trabalho na planilha, você se reeduca, fará as pazes com os números, encontra um equilíbrio. Você naturalmente muda de patamar.**

No clima de instabilidade que estamos vivendo, não há tempo a perder com erros repetidos. Agora é momento de acertar! A partir de hoje, use intensamente esta ferramenta por 21 dias! **E depois? Depois já será hábito!** Depois você vai ter criado uma necessidade saudável de cuidar de suas finanças, assim como devemos cuidar de nossa própria saúde. Entretanto, você vai ter que se comprometer com você mesmo! Primeiro vai seguir o passo a passo que lhe ensinaremos, para colocar todos os seus dados financeiros nela.

Depois você vai analisar suas despesas, tomando decisões inteligentes baseadas no resultado que encontrar. <u>Daí em diante, por 21 dias, todos os dias, você vai abrir a planilha</u> **SMART FINANCE CONTROL,** <u>e vai atualizá-la rigorosamente. Isso será seu novo hábito!</u> Vai agir acertadamente quando o assunto for dinheiro. Poderá inclusive incentivar outras pessoas a fazer o mesmo!

No último bloco você vai encontrar ainda algumas considerações sobre o Plano financeiro e a conquista de sonhos. É precisamente neste momento que você irá se perguntar: agora, que estou organizado, quais os sonhos que posso conquistar?

No entanto o aprofundamento disso você terá em outro curso. Tenha um excelente aproveitamento! Utilize-o da melhor forma possível!

1.   UMA PALAVRA SOBRE A VIDA E PARADIGMAS

Do grego *paradeigma*, o termo *paradigma* significa modelo ou padrão, isto é, uma referência, um conjunto de atitudes ou experiências testadas muitas vezes e por muita gente. Neste sentido, funciona como algo semelhante à uma norma, ou um caminho seguro para se agir.

Ocorre que a vida é dinâmica. Tudo está em movimento. O que num passado recente poderia ser útil e bastante eficaz, hoje pode estar completamente obsoleto! Em nosso mundo tecnológico, esse fenómeno é bastante claro. Em poucos anos tudo se transforma completamente!

No universo do pensamento e consequentemente das ações humanas esse processo é bastante semelhante. Tudo está se transformando em grande velocidade. Conceitos que valiam muito há poucos anos, hoje já está desgastado e ultrapassado! Aqui reside um grande desafio: não ficar obsoleto nos pensamentos e na forma de gerenciar a vida no tempo atual em que vivemos. Daí a necessidade imperativa de **romper paradigmas!**

O paradigma das finanças se encontra dentro deste conceito. No passado a tendência era para calmaria. Um emprego poderia durar por toda vida produtiva de um sujeito. O dono de loja de tecidos trabalhava sem pressa para atender sua clientela. Um dono de farmácia criava seus filhos com a certeza de que aquele negócio iria para a geração seguinte. Um servidor público estava feliz e satisfeito com a calmaria da sua repartição. Tudo isso mudou e continua mudando!

O que encontramos hoje é não só diferente, mas exatamente o contrário de muitas coisas do passado. No passado guardávamos muitas "certezas", hoje respiramos incertezas. vivemos tempos de pressa e inquietação.

Os tempos de hoje exigem de cada indivíduo, mais do exigia no passado: mais assertividade, mais habilidade, mais inteligência, mais criatividade, mais cuidados, mais obstinação, mais trabalho.

No campo das finanças, a dinâmica é a mesma. **O desafio é gerenciar as finanças pessoais com responsabilidade e inteligência. Eis o ponto chave deste curso.** Cada perfil de consumo deverá ser absolutamente coerente com o perfil de renda. Equilíbrio.

Hoje, segundo pesquisas, a cada 10 famílias brasileiras, 6 estão endividadas. Isso é bastante preocupante!

E nossa proposta é simples: ajudar você a descobrir seu perfil de ganho e consumo e trabalhar em equilíbrio. Em outras palavras, apontar caminhos de economia e responsabilidade que lhe permita equilibrar suas finanças e te deixar mais feliz.

Dito de outra forma, você vai fazer um exercício teórico-prático de gerenciamento financeiro. Vai desenvolver habilidades necessárias para fazer seu controle de maneira prática, simples e sem ficar o dia inteiro fazendo e refazendo contas.

Para isso será necessário que você seja persistente. Você talvez nem saiba do que seja capaz de conseguir! Talvez você esteja acostumado a não valorizar todo o potencial que há em você. E todos nós temos diversos talentos que sequer conhecemos. Aqui, por enquanto queremos pedir que você desenvolva o talento da persistência,

## 2.	O GERENCIAMENTO FINANCEIRO COMO ESTILO DE VIDA

Indo direto ao ponto. O gerenciamento financeiro é muito mais do que um simples estilo de vida econômico. É um conjunto de atitudes pensadas, cuidadosamente planejadas que te levam ao equilíbrio. Equilíbrio de quê? Equilíbrio financeiro. Isso não é pouca coisa. Basta lembrar que o pai de família que - em tempo de crise ou dificuldades na macroeconomia - abre seu controle de gastos e pode dizer que está conseguindo equilibrar receitas e despesas, corresponde a apenas 4 em cada grupo de 10.

Equilíbrio, portanto, é uma conquista muitíssimo importante! É inclusive, a oportunidade de planejar melhor o futuro dos filhos. É caminho aberto para viabilizar projetos mais elaborados.

<u>Equilíbrio nas contas pode significar a possibilidade de evitar enormes dificuldades na terceira idade.</u> Equilíbrio nas contas é ter a oportunidade de viver o presente com dignidade e planejar o futuro com previsibilidade. Garanto a você que esse é o sonho de muita gente, porém, infelizmente poucos conseguem.

Se você faz parte do grupo dos que embora não sendo ricos, inda assim estão financeiramente equilibrados, parabéns! Neste caso, este recurso aqui poderá ajudá-lo a melhorar o que já está bom. Porém, se sua família está no maior grupo deste país (Brasil), qual seja, o grupo dos que estão financeiramente em desequilíbrio, dos que não estão conseguindo equilibrar ganhos e gastos, neste caso, nós podemos ajudar. Ou melhor, podemos fazer você se ajudar!

Porque em última análise, sem sua decisão, este material continua sendo apenas textos, gráficos, planilhas e vídeos. Com sua participação ativa, aqui você vai ter a oportunidade de virar o jogo. Mágica? Não. Conhecimento, planejamento, expertise e sobretudo, ação!

Portanto, tome uma decisão! Entenda todos os conceitos. Aprofunde naquilo que não ficou satisfeito! Isso é normal e muito importante! E depois: 21 dias! 21 dias de prática com nossa planilha Smart descomplicada.

Você terá 21 dias para criar o hábito de alimentar essa ferramenta, de fazer as análises e projeções. Tudo de maneira simples e intuitiva. Você terá a chance de renunciar ao amadorismo financeiro que sempre prejudica as pessoas.

Seja persistente no que se propõe a fazer e siga em frente!

3.   RECONSTRUINDO AS FINANÇAS: Uma proposta inteligente.

A desordem financeira é como uma patologia. Com essa analogia, vamos começar nosso exercício. Para recuperar a PLENA SAÚDE, ou seja, para conseguir um PLENO EQUILÍBRIO FINANCEIRO, vamos trabalhar com você com quatro elementos bem conhecidos no universo da saúde e da medicina.

Neste exercício, você - que luta para pagar contas, que corre o dia todo para ganhar seu dinheiro, que se assusta com o preço das coisas quando vai ao supermercado, que tenta se equilibrar no custo de vida atual – é o paciente! Veja o quadro abaixo ↓

FASE 1➜	SINTOMAS	Mapear os principais sintomas e relacioná-los com o ambiente
FASE 2➜	DIAGNÓSTICO	Identificar o problema central e os periféricos a partir dos sintomas
FASE 3➜	TRATAMENTO	Tratar objetivamente todas as causas dos problemas identificados
FASE 4➜	MANUTENÇÃO	Manter o foco e a disciplina para manter e ampliar as conquistas

FASE 1: OS SINTOMAS

Seu Antônio tem 40 anos e estava muito bem, até que depois de assumir uma chefia, dias depois apareceu uma dor de cabeça insistente no início da noite. Tomou alguns analgésicos, mas, depois de alguns dias, isso já não resolvia o problema. Em nosso organismo temos inúmeros órgãos, com diferentes funções e características. Quando tudo vai bem, pouco pensamos nos batimentos cardíacos, no processo digestivo, metabólico, na força dos músculos, no equilíbrio de nosso sistema nervoso, no incrível trabalho de nosso fígado, pâncreas e rins na economia do organismo, na beleza e proteção que nossa pele nos proporciona.

Quando a saúde está satisfatória, nem lembramos desses parceiros diretos. Foi o que aconteceu com nosso amigo, senhor Antônio, e o que ocorre com muita gente, todos os dias. Tudo ia bem até chegar aquela dor de cabeça. Note-se bem que, quando alguma coisa começa a nos incomodar, seja uma dor, um desconforto, uma náusea, um mal-estar qualquer, imediatamente chega à nossa mente um pensamento: que está provocando isso? Daí em diante passamos a dar atenção àquilo que passava desapercebido.

✓ E os sintomas de nossas finanças?

Quando estamos bem nas finanças, apenas vamos seguindo, vivendo, fazendo planos, conquistando coisas etc. Há um diálogo saudável, uma interação, um equilíbrio entre nós e nossas obrigações financeiras. Nada mais normal que isso.

Porém, quando aparecem os primeiros sintomas da perda desse equilíbrio, devemos reconhecê-los o mais rápido possível, sob pena de agravamento. Um exemplo clássico é o que acontece com nossa conta bancário nos últimos dias antes do salário.

Como uma simples e sutil dor de cabeça que incomoda, mas não nos leva ao médico, entrar um pouco no vermelho ao fim do mês, é um sintoma que algo está errado, porém ignoramos e seguimos em frente. Todavia esse sintoma tende a agravar-se com passar do tempo.

Observe que no início se entrava no vermelho nos últimos dias do mês, agora, depois, já por volta do dia 15, mais tarde o mês já começava no vermelho. Êpa! Não está certo isso!

A saúde financeira da pessoa está comprometida. Alguns meses depois, ele faz um empréstimo para sanar o limite que passou a usar todo mês, e se depara com outro problema: agora tem uma parcela de algumas centenas de reais que deve pagar todo mês. Em alguns meses, volta a usar o limite do banco e agora com uma prestação a mais.

Pensando em sua situação, o sujeito tenta se enganar, querendo crer que isso é passageiro. Mas a coisa vai piorando. A fatura do cartão de crédito veio mais alta que que ele esperava. A conta de luz não baixa. A conta de supermercado aumenta. E sua renda continua a mesma.

Todos estes sintomas, e muitos outros que pessoas como você e eu podem já ter experimentado, são indicativos que algo está muito errado. Sintomas de desequilíbrio financeiro começam bem sutis, de tal forma que damos pouca importância. Depois vão progressivamente se agravando. O endividamento é um processo que geralmente vai se acumulando e progredindo, até chegar num colapso.

FASE 2: O DIAGNÓSTICO

Voltemos ao senhor Antônio. Ele pensou que era uma simples dor de cabeça. Tomou um analgésico. Os sintomas aliviaram, mas depois de certo tempo voltaram com mais intensidade. Não tem jeito. Agora o sujeito vai precisar descobrir mesmo o que está causando esta dor. E mais: vai ter que procurar alguém que entenda de dor. De alguém com preparo técnico necessário para ajudar. Vai ao médico no dia seguinte. Na anamnese, o médico faz uma série de perguntas, investiga a genética, presta atenção no ambiente em volta do sujeito, escuta, examina, anota um monte de coisas... Ao final da consulta, o médico identifica a possível causa do problema do paciente. Para confirmar, geralmente pede uns exames complementares. Quando do retorno, o médico olha novamente seu paciente e diz: caro sr. Antônio, seu problema é cefaleia tensional.

✓ **E o diagnóstico de nossas finanças?**

Diagnosticar as finanças é entender o que está acontecendo. Sem diagnóstico não há possibilidade de tratamento adequado. Isso vale para praticamente tudo na vida. É preciso então fazer um levantamento geral de todas as despesas e ganhos do núcleo familiar.

O diagnóstico é pré-requisito indispensável para a gestão de qualquer atividade que pretendemos fazer. É como fazer a pergunta: O que está acontecendo? Qual a realidade que estou encontrando agora? Qual é a real dimensão do problema que precisa ser enfrentado?

A elaboração deste levantamento deverá pois, estar mostrando a realidade vivida. Nada de fantasias. Nada de esquecimentos. Logo vamos te ensinar a listar tudo o que gasta e o que ganha. Este é o primeiro passo!

Para isso, observe sem pressa, os exemplos abaixo de uma planilha SMART FINANCE CONTROL.

Agora, queremos que você acompanhe com bastante atenção os três exemplos e seus respectivos comentários. São três diferentes realidades, sob as quais exigem compreensão, análise e comparações, para tomada de decisões.

Exemplo 1

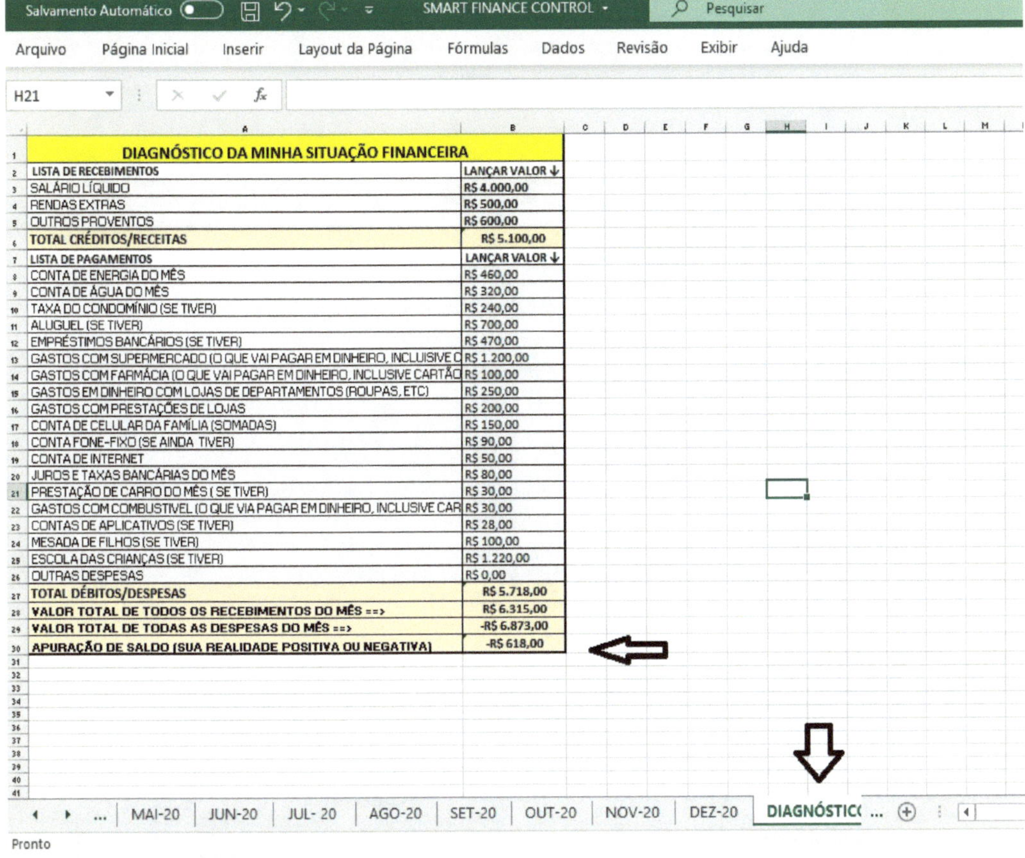

DIAGNÓSTICO DA MINHA SITUAÇÃO FINANCEIRA	
LISTA DE RECEBIMENTOS	LANÇAR VALOR ↓
SALÁRIO LÍQUIDO	R$ 4.000,00
RENDAS EXTRAS	R$ 500,00
OUTROS PROVENTOS	R$ 600,00
TOTAL CRÉDITOS/RECEITAS	R$ 5.100,00
LISTA DE PAGAMENTOS	LANÇAR VALOR ↓
CONTA DE ENERGIA DO MÊS	R$ 460,00
CONTA DE ÁGUA DO MÊS	R$ 320,00
TAXA DO CONDOMÍNIO (SE TIVER)	R$ 240,00
ALUGUEL (SE TIVER)	R$ 700,00
EMPRÉSTIMOS BANCÁRIOS (SE TIVER)	R$ 470,00
GASTOS COM SUPERMERCADO (O QUE VAI PAGAR EM DINHEIRO, INCLUSIVE C	R$ 1.200,00
GASTOS COM FARMÁCIA (O QUE VAI PAGAR EM DINHEIRO, INCLUSIVE CARTÃO	R$ 100,00
GASTOS EM DINHEIRO COM LOJAS DE DEPARTAMENTOS (ROUPAS, ETC)	R$ 250,00
GASTOS COM PRESTAÇÕES DE LOJAS	R$ 200,00
CONTA DE CELULAR DA FAMÍLIA (SOMADAS)	R$ 150,00
CONTA FONE-FIXO (SE AINDA TIVER)	R$ 90,00
CONTA DE INTERNET	R$ 50,00
JUROS E TAXAS BANCÁRIAS DO MÊS	R$ 80,00
PRESTAÇÃO DE CARRO DO MÊS (SE TIVER)	R$ 30,00
GASTOS COM COMBUSTIVEL (O QUE VIA PAGAR EM DINHEIRO, INCLUSIVE CAR	R$ 30,00
CONTAS DE APLICATIVOS (SE TIVER)	R$ 28,00
MESADA DE FILHOS (SE TIVER)	R$ 100,00
ESCOLA DAS CRIANÇAS (SE TIVER)	R$ 1.220,00
OUTRAS DESPESAS	R$ 0,00
TOTAL DÉBITOS/DESPESAS	R$ 5.718,00
VALOR TOTAL DE TODOS OS RECEBIMENTOS DO MÊS ==>	R$ 6.315,00
VALOR TOTAL DE TODAS AS DESPESAS DO MÊS ==>	-R$ 6.873,00
APURAÇÃO DE SALDO (SUA REALIDADE POSITIVA OU NEGATIVA)	-R$ 618,00

No exemplo acima, você tem uma imagem de planilha, cujo resultado foi negativo (R$ -618,00), ou seja, **nesta hipótese, a pessoa está gastando muito acima de seu ganho**.

Totalmente reprovável. Esta pessoa vai precisar fazer uma revisão em suas contas para mudar esse quadro urgentemente! Seria este seu perfil?

Se este for o seu perfil atual, você precisará prestar bastante atenção, vai precisar rever gastos, reestruturar despesas, realocar seus recursos em despesas mais necessárias e naturalmente cortar despesas.

Isso é fácil? Não. Todo corte exige sacrifícios. Toda organização financeira exige renúncias. Umas temporárias, outras definitivas. Faz parte da regra do jogo.

Exemplo 2

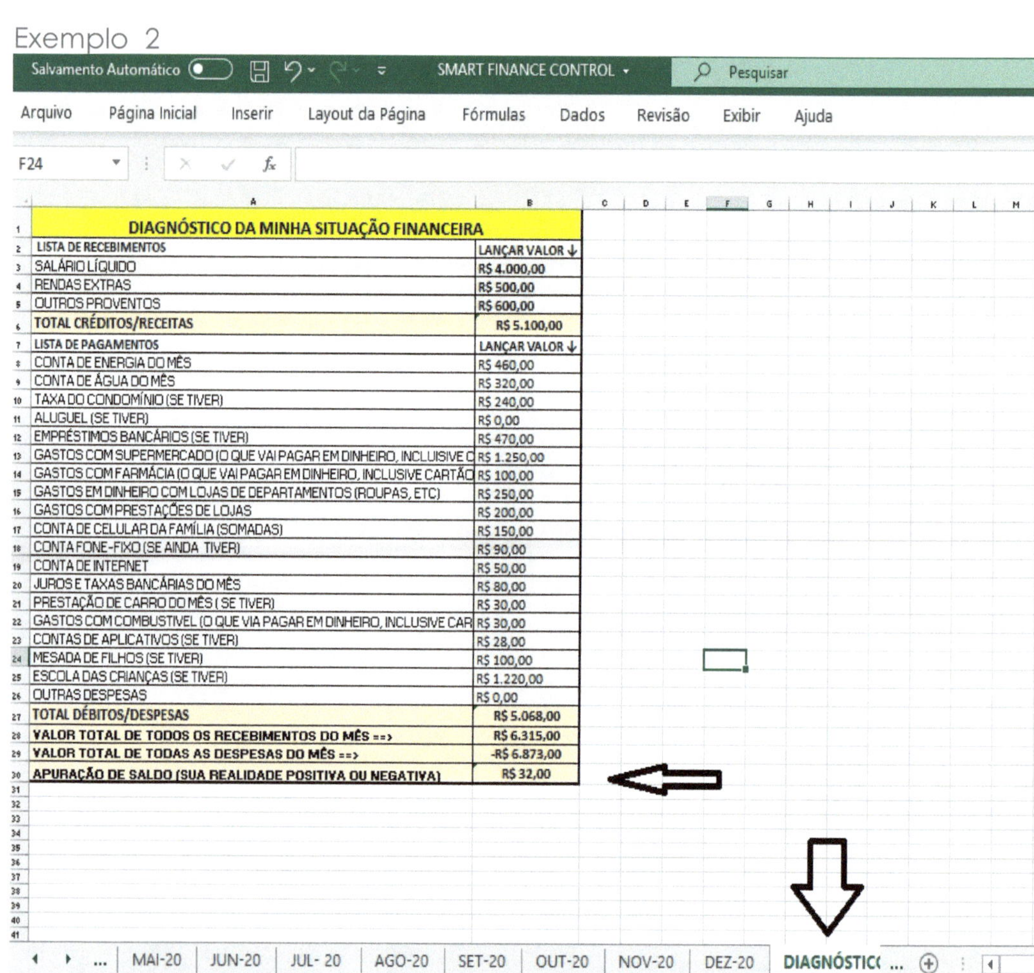

	A	B
1	**DIAGNÓSTICO DA MINHA SITUAÇÃO FINANCEIRA**	
2	LISTA DE RECEBIMENTOS	LANÇAR VALOR ↓
3	SALÁRIO LÍQUIDO	R$ 4.000,00
4	RENDAS EXTRAS	R$ 500,00
5	OUTROS PROVENTOS	R$ 600,00
6	**TOTAL CRÉDITOS/RECEITAS**	R$ 5.100,00
7	LISTA DE PAGAMENTOS	LANÇAR VALOR ↓
8	CONTA DE ENERGIA DO MÊS	R$ 460,00
9	CONTA DE ÁGUA DO MÊS	R$ 320,00
10	TAXA DO CONDOMÍNIO (SE TIVER)	R$ 240,00
11	ALUGUEL (SE TIVER)	R$ 0,00
12	EMPRÉSTIMOS BANCÁRIOS (SE TIVER)	R$ 470,00
13	GASTOS COM SUPERMERCADO (O QUE VAI PAGAR EM DINHEIRO, INCLUISIVE C	R$ 1.250,00
14	GASTOS COM FARMÁCIA (O QUE VAI PAGAR EM DINHEIRO, INCLUSIVE CARTÃO	R$ 100,00
15	GASTOS EM DINHEIRO COM LOJAS DE DEPARTAMENTOS (ROUPAS, ETC)	R$ 250,00
16	GASTOS COM PRESTAÇÕES DE LOJAS	R$ 200,00
17	CONTA DE CELULAR DA FAMÍLIA (SOMADAS)	R$ 150,00
18	CONTA FONE-FIXO (SE AINDA TIVER)	R$ 90,00
19	CONTA DE INTERNET	R$ 50,00
20	JUROS E TAXAS BANCÁRIAS DO MÊS	R$ 80,00
21	PRESTAÇÃO DE CARRO DO MÊS (SE TIVER)	R$ 30,00
22	GASTOS COM COMBUSTIVEL (O QUE VIA PAGAR EM DINHEIRO, INCLUSIVE CAR	R$ 30,00
23	CONTAS DE APLICATIVOS (SE TIVER)	R$ 28,00
24	MESADA DE FILHOS (SE TIVER)	R$ 100,00
25	ESCOLA DAS CRIANÇAS (SE TIVER)	R$ 1.220,00
26	OUTRAS DESPESAS	R$ 0,00
27	**TOTAL DÉBITOS/DESPESAS**	R$ 5.068,00
28	**VALOR TOTAL DE TODOS OS RECEBIMENTOS DO MÊS ==>**	R$ 6.315,00
29	**VALOR TOTAL DE TODAS AS DESPESAS DO MÊS ==>**	-R$ 6.873,00
30	**APURAÇÃO DE SALDO (SUA REALIDADE POSITIVA OU NEGATIVA)**	R$ 32,00

No exemplo 2, acima, você tem uma imagem de planilha, cujo resultado foi equilibrado (R$ 32,00), ou seja, **nesta hipótese a pessoa <u>está gastando tudo o que ganha</u> e não sobrando praticamente nada. O que ainda não é o ideal.**

O ideal continua sendo um orçamento capaz de guardar um pouco de dinheiro todo mês! **Esta pessoa, portanto, precisa também de** uma revisão em suas contas para gerar uma reserva. Seria este o seu perfil?

Se este for o seu perfil atual, você também precisará ficar atento com os gastos para não cair em armadilhas.

Exemplo 3

DIAGNÓSTICO DA MINHA SITUAÇÃO FINANCEIRA	
LISTA DE RECEBIMENTOS	LANÇAR VALOR ↓
SALÁRIO LÍQUIDO	R$ 4.000,00
RENDAS EXTRAS	R$ 500,00
OUTROS PROVENTOS	R$ 600,00
TOTAL CRÉDITOS/RECEITAS	R$ 5.100,00
LISTA DE PAGAMENTOS	LANÇAR VALOR ↓
CONTA DE ENERGIA DO MÊS	R$ 460,00
CONTA DE ÁGUA DO MÊS	R$ 320,00
TAXA DO CONDOMÍNIO (SE TIVER)	R$ 240,00
ALUGUEL (SE TIVER)	R$ 0,00
EMPRÉSTIMOS BANCÁRIOS (SE TIVER)	R$ 0,00
GASTOS COM SUPERMERCADO (O QUE VAI PAGAR EM DINHEIRO, INCLUSIVE C	R$ 1.240,00
GASTOS COM FARMÁCIA (O QUE VAI PAGAR EM DINHEIRO, INCLUSIVE CARTÃO	R$ 100,00
GASTOS EM DINHEIRO COM LOJAS DE DEPARTAMENTOS (ROUPAS, ETC)	R$ 250,00
GASTOS COM PRESTAÇÕES DE LOJAS	R$ 200,00
CONTA DE CELULAR DA FAMÍLIA (SOMADAS)	R$ 150,00
CONTA FONE-FIXO (SE AINDA TIVER)	R$ 90,00
CONTA DE INTERNET	R$ 50,00
JUROS E TAXAS BANCÁRIAS DO MÊS	R$ 80,00
PRESTAÇÃO DE CARRO DO MÊS (SE TIVER)	R$ 30,00
GASTOS COM COMBUSTIVEL (O QUE VIA PAGAR EM DINHEIRO, INCLUSIVE CAR	R$ 30,00
CONTAS DE APLICATIVOS (SE TIVER)	R$ 28,00
MESADA DE FILHOS (SE TIVER)	R$ 100,00
ESCOLA DAS CRIANÇAS (SE TIVER)	R$ 1.220,00
OUTRAS DESPESAS	R$ 0,00
TOTAL DÉBITOS/DESPESAS	R$ 4.588,00
VALOR TOTAL DE TODOS OS RECEBIMENTOS DO MÊS ==>	R$ 6.315,00
VALOR TOTAL DE TODAS AS DESPESAS DO MÊS ==>	-R$ 6.873,00
APURAÇÃO DE SALDO (SUA REALIDADE POSITIVA OU NEGATIVA)	R$ 512,00

Finalmente, neste exemplo 3, você tem uma imagem de planilha, cujo resultado foi positivo (R$ 512,00). **Nesta hipótese, a pessoa está <u>gastando menos do que recebe</u> e certamente fazendo uma necessária reserva financeira. E o que é melhor: esta reserva equivale a aproximadamente 10% da renda. Aqui temos uma estrutura financeira saudável. Esta pessoa precisa manter isso com disciplina. Seria este o seu perfil?**

Sendo este seu perfil, quero de parabenizar. Está no caminho certo. Você ainda pode otimizar a relação ganho/gasto e incrementar suas reservas.

Visto os exemplos, agora vamos **trabalhar na prática**. Analisando estas três hipóteses, você vai fazer o seu próprio diagnóstico! É um momento muito importante deste curso. É seu encontro com sua realidade financeira. Sem enganos ou fugas. **Está pronto? Siga os passos a seguir.**

❖ PRATICANDO O DIAGNÓSTICO FINANCEIRO PRELIMINAR

<u>Primeiro passo</u>: Minimize este arquivo do curso em sua tela do computador e acesse a sua planilha SMART FINANCE CONTROL. Salve sua planilha nova na área de trabalho de seu computador (salvar como).

<u>Segundo passo:</u> Abrindo sua planilha você vai encontrar treze 13 abas na parte inferior da planilha. Cada aba correspondendo a um mês (janeiro a dezembro). E na última aba, você vai ter DIAGNÓSTICO.

Ilustração 1

27	TOTAL DÉBITOS/DESPESAS	R$ 5.418,00
28	VALOR TOTAL DE TODOS OS RECEBIMENTOS DO MÊS ==>	R$ 6.315,00
29	VALOR TOTAL DE TODAS AS DESPESAS DO MÊS ==>	-R$ 6.873,00
30	APURAÇÃO DE SALDO (SUA REALIDADE POSITIVA OU NEGATIVA)	-R$ 318,00
31		
32		

◀ ▶ ... | JUL- 20 | AGO-20 | SET-20 | OUT-20 | NOV-20 | DEZ-20 | **DIAGNÓSTICO** | JUL-20 ... | ... ⊕

<u>Terceiro passo:</u> Acesse a aba DIAGNÓSTICO (última aba da planilha) e lá você vai encontrar a planilha intitulada **Diagnóstico de minha situação financeira**. Tal qual a que mostramos nas figuras dos exemplos 1,2 e 3 deste curso. Neste momento, com bastante atenção, você vai trabalhar nesta planilha. Ela está zerada de valores, mas, por padrão alguns dados já estão inseridos.

<u>Quarto passo:</u> Coloque na planilha desta aba DIAGNÓSTICO, que está aberta, na "lista de recebimentos", tudo o que entra para você de

dinheiro. **IMPORTANTE:** A soma dos valores é automática, ou sejam <u>todos os "totais" são de preenchimento automático (em laranja)</u> e não devem ser alterados manualmente.

Quinto passo: Você vai precisar agora colocar nesta LISTA DE PAGAMENTOS, todos os seus gastos do mês. Lá, por padrão, já são listadas várias despesas, que podem ser alteradas ou complementadas.

IMPORTANTE: Lance o valor de cada despesa com bastante cuidado. Discrimine bem o que você está gastando no mês. Ex. Evite neste momento lançar Cartão de crédito genericamente. Como? Pegue sua fatura do cartão de crédito do mês e separe as principais despesas dentro desta fatura que foi ou será paga dentro do referido mês, para poder lançar na coluna de despesas. As compras do cartão serão do mês anterior, mas não importa. O que importa é o mês que você está pagando o saldo da fatura.

Vamos dar um exemplo prático de como discriminar despesas, para facilitar seu entendimento: Se sua fatura no cartão de crédito do mês anterior foi de 1000,00, dos quais 800,00 foi de mercado e 200 foi de farmácia, por exemplo, coloque na coluna de "despesas" um pagamento de 800,00 para mercado e outro pagamento de 200,00 para farmácia. Bastante simples.

Sexto passo: Uma vez colocado seus ganhos do mês e todas as suas despesas, você vai observar na parte inferior sua realidade financeira. Na última linha você vai enxergar a "apuração do seu saldo". Vide exemplo.

Ilustração 2

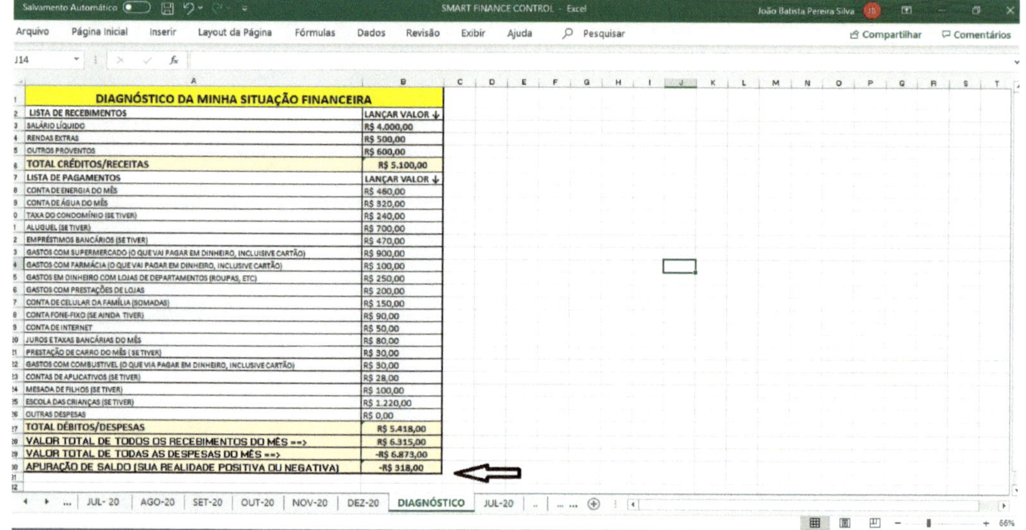

DIAGNÓSTICO DA MINHA SITUAÇÃO FINANCEIRA	
LISTA DE RECEBIMENTOS	LANÇAR VALOR ↓
SALÁRIO LÍQUIDO	R$ 4.000,00
RENDAS EXTRAS	R$ 500,00
OUTROS PROVENTOS	R$ 600,00
TOTAL CRÉDITOS/RECEITAS	R$ 5.100,00
LISTA DE PAGAMENTOS	LANÇAR VALOR ↓
CONTA DE ENERGIA DO MÊS	R$ 460,00
CONTA DE ÁGUA DO MÊS	R$ 320,00
TAXA DO CONDOMÍNIO (SE TIVER)	R$ 240,00
ALUGUEL (SE TIVER)	R$ 700,00
EMPRÉSTIMOS BANCÁRIOS (SE TIVER)	R$ 470,00
GASTOS COM SUPERMERCADO (O QUE VAI PAGAR EM DINHEIRO, INCLUISIVE CARTÃO)	R$ 900,00
GASTOS COM FARMÁCIA (O QUE VAI PAGAR EM DINHEIRO, INCLUSIVE CARTÃO)	R$ 100,00
GASTOS EM DINHEIRO COM LOJAS DE DEPARTAMENTOS (ROUPAS, ETC)	R$ 250,00
GASTOS COM PRESTAÇÕES DE LOJAS	R$ 200,00
CONTA DE CELULAR DA FAMÍLIA (SOMADAS)	R$ 150,00
CONTA FONE-FIXO (SE AINDA TIVER)	R$ 90,00
CONTA DE INTERNET	R$ 50,00
JUROS E TAXAS BANCÁRIAS DO MÊS	R$ 80,00
PRESTAÇÃO DE CARRO DO MÊS (SE TIVER)	R$ 30,00
GASTOS COM COMBUSTIVEL (O QUE VIA PAGAR EM DINHEIRO, INCLUSIVE CARTÃO)	R$ 30,00
CONTAS DE APLICATIVOS (SE TIVER)	R$ 28,00
MESADA DE FILHOS (SE TIVER)	R$ 100,00
ESCOLA DAS CRIANÇAS (SE TIVER)	R$ 1.220,00
OUTRAS DESPESAS	R$ 0,00
TOTAL DÉBITOS/DESPESAS	R$ 5.418,00
VALOR TOTAL DE TODOS OS RECEBIMENTOS DO MÊS ==>	R$ 6.315,00
VALOR TOTAL DE TODAS AS DESPESAS DO MÊS ==>	-R$ 6.873,00
APURAÇÃO DE SALDO (SUA REALIDADE POSITIVA OU NEGATIVA)	-R$ 318,00

Com isso você vai descobrir sua primeira situação financeira. Se tiver dúvidas, refaça as contas, confira todos os pagamentos do mês. É importante que você confira despesas e ganhos e no mês vigente, porque é o que vai interessar para alimentar o mês. Se você estiver fazendo o mês de julho, por exemplo, considere as despesas e ganhos do mês de julho, se está no mês de agosto, considere agosto e assim por diante.

Sétimo passo: Uma vez listadas a suas despesas e seus ganhos, e naturalmente encontrada a sua situação financeira preliminar, agora, você vai transportar suas informações de despesas e ganhos para a aba do mês que pretende iniciar seu gerenciamento. Tudo nesta fase deve ser lançado na coluna VALOR PLANEJADO, **mas de acordo com a categoria.** Vamos te ajudar também a categorizar suas despesas. Vide quadro abaixo.

1. MUITO NECESSÁRIA	Esta categoria é a mais importante. Aqui devem ficar despesas, sem as quais sua estrutura familiar pode ser impactada diretamente. Ex. Contas de água, luz, aluguel, condomínio, escola, remédios, alimentação básica, prestação do carro, prestação de loja etc.
	Esta categoria é a segunda mais importante. Aqui devem ser alocadas as despesas, sem as quais a estrutura familiar seria severamente penalizada, pois há uma redução no bem-estar, na

2. NECESSÁRIA	comodidade. Em outras palavras a família sofreria sérias restrições. Ex. contas de diarista, lavanderia, internet, vestuário, celulares etc.
3.POUCO NECESSÁRIA	Esta categoria já se pode questionar sua existência, sobretudo em momentos de crise. Aqui estão listadas despesas, sem as quais o impacto é relativamente pequeno sobre a família. Ou seja, a suspensão destas despesas, ainda que por um tempo, não gera danos maiores ligados à perda de comodidade e bem-estar. Ex. contas de tv por assinatura, revistas, sites pagos, mensalidades em clubes de lazer, mesadas das crianças etc.
4. DESNECESSÁRIA	Esta é uma categoria de despesas que só faz sentido quando todas as anteriores forem plenamente atendidas. São despesas que estão mais ligadas ao prazer e satisfações. Tais despesas, em tempos de crise, podem ser suspensas até que tenha real possibilidade de fazê-las. Ex. contas de restaurantes, happy hours, churrascos, clubes de vinhos etc.

Como você pode observar, _categorizar_ uma despesa, significa discriminá-la pelo seu grau de importância. Logo, você deve transportar primeiro as despesas de categoria 1, depois as de categoria 2 e assim por diante.

Importante: Independente das suas despesas já terem sido pagas ou não, _por enquanto, lance somente na coluna VALOR PLANEJADO_, conforme sua categoria. Não tenha pressa e não tente pular etapas.

Detalhando: de acordo com o mês em que você fez seu levantamento (o mês vigente), você vai usar a aba do referido mês. Caso o levantamento seja de julho (exemplo) você vai abrir a aba de julho. Note que as despesas mais relevantes estão na categoria 1 e que as mais supérfluas estão na coluna 4. Ou seja, quando você for trabalhar nos cortes, já sabe por onde começar.

Ilustração 3

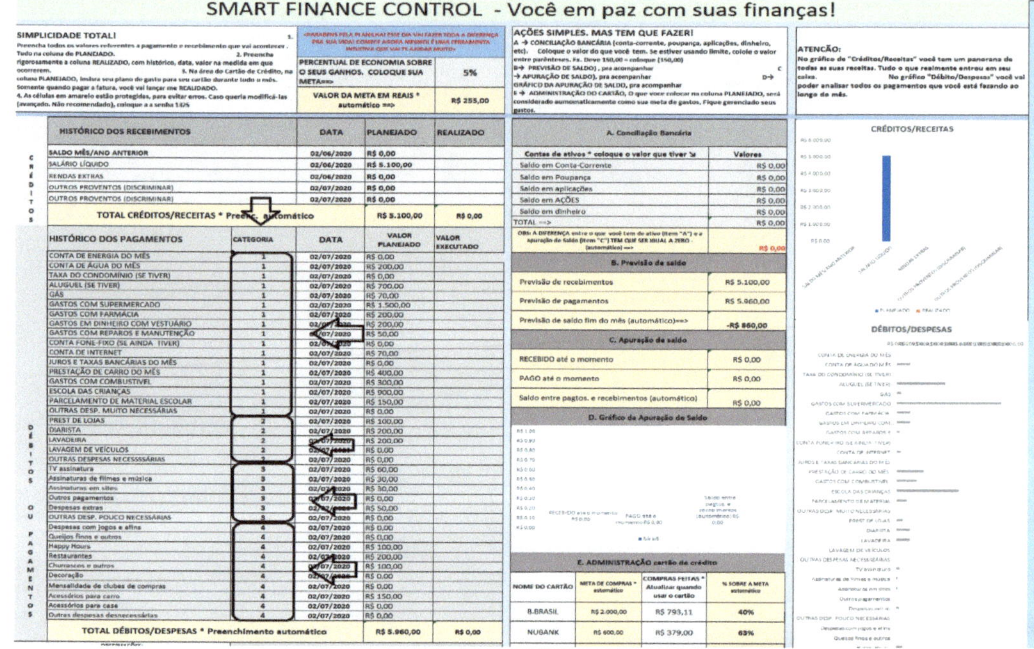

SMART FINANCE CONTROL - Você em paz com suas finanças!

SIMPLICIDADE TOTAL!

Preencha todos os valores referentes a pagamento e recebimento que vai acontecer. Tudo na coluna de PLANEJADO. **2.** Preenche rigorosamente a coluna REALIZADO, com histórico, data, valor na medida em que ocorrerem. **3.** Na área de Cartão de Crédito, na coluna PLANEJADO, insira seu plano de gasto para seu cartão durante todo o mês. Somente quando pagar a fatura, você vai lançar me REALIDADO.

4. As células em amarelo estão protegidas, para evitar erros. Caso queria modificá-las (avançado. Não recomendado), coloque a a senha 1425

«PARABENS PELA PLANILHA! ESSE DIA VAI FAZER TODA A DIFERENÇA PRA SUA VIDA! COMECE AGORA MESMO! É UMA FERRAMENTA INTUITIVA QUE VAI TE AJUDAR MUITO»

PERCENTUAL DE ECONOMIA SOBRE O SEUS GANHOS. COLOQUE SUA META==>	5%
VALOR DA META EM REAIS * automático ==>	R$ 255,00

AÇÕES SIMPLES. MAS TEM QUE FAZER!

A → CONCILIAÇÃO BANCÁRIA (conta-corrente, poupança, aplicações, dinheiro, etc). Coloque o valor do que você tem. Se estiver usando limite, coloie o valor entre parênteses. Ex. Deve 150,00 = coloque (150,00)
B → PREVISÃO DE SALDO), pra acompanhar
→ APURAÇÃO DE SALDO), pra acompanhar D→
GRÁFICO DA APURAÇÃO DE SALDO, pra acompanhar
E → ADMINISTRAÇÃO DO CARTÃO, O que você colocar na coluna PLANEJADO, será considerado aumomaticamente como sua meta de gastos. Fique gerenciando seus gastos.

ATENÇÃO:
No gráfico de "Créditos/Receitas" você tem um panorama de todas as suas receitas. Tudo o que realmente entrou em seu caixa. No gráfico "Débito/Despesas" você vai poder analisar todos os pagamentos que você está fazendo ao longo do mês.

HISTÓRICO DOS RECEBIMENTOS	DATA	PLANEJADO	REALIZADO
SALDO MÊS/ANO ANTERIOR	02/06/2020	R$ 0,00	
SALÁRIO LÍQUIDO	02/06/2020	R$ 5.100,00	
RENDAS EXTRAS	02/06/2020	R$ 0,00	
OUTROS PROVENTOS (DISCRIMINAR)	02/07/2020	R$ 0,00	
OUTROS PROVENTOS (DISCRIMINAR)	02/07/2020	R$ 0,00	
TOTAL CRÉDITOS/RECEITAS * Preench. automático		R$ 5.100,00	R$ 0,00

HISTÓRICO DOS PAGAMENTOS	CATEGORIA	DATA	VALOR PLANEJADO	VALOR EXECUTADO
CONTA DE ENERGIA DO MÊS	1	02/07/2020	R$ 0,00	
CONTA DE ÁGUA DO MÊS	1	02/07/2020	R$ 200,00	
TAXA DO CONDOMÍNIO (SE TIVER)	1	02/07/2020	R$ 0,00	
ALUGUEL (SE TIVER)	1	02/07/2020	R$ 700,00	
GÁS	1	02/07/2020	R$ 70,00	
GASTOS COM SUPERMERCADO	1	02/07/2020	R$ 1.500,00	
GASTOS COM FARMÁCIA	1	02/07/2020	R$ 200,00	
GASTOS EM DINHEIRO COM VESTUÁRIO	1	02/07/2020	R$ 200,00	
GASTOS COM REPAROS E MANUTENÇÃO	1	02/07/2020	R$ 50,00	
CONTA FONE-FIXO (SE AINDA TIVER)	1	02/07/2020	R$ 0,00	
CONTA DE INTERNET	1	02/07/2020	R$ 70,00	
JUROS E TAXAS BANCÁRIAS DO MÊS	1	02/07/2020	R$ 0,00	
PRESTAÇÃO DE CARRO DO MÊS	1	02/07/2020	R$ 400,00	
GASTOS COM COMBUSTÍVEL	1	02/07/2020	R$ 300,00	
ESCOLA DAS CRIANÇAS	1	02/07/2020	R$ 900,00	
PARCELAMENTO DE MATERIAL ESCOLAR	1	02/07/2020	R$ 150,00	
OUTRAS DESP. MUITO NECESSÁRIAS	1	02/07/2020	R$ 0,00	
PREST DE LOJAS	2	02/07/2020	R$ 100,00	
DIARISTA	2	02/07/2020	R$ 200,00	
LAVADEIRA	2	02/07/2020	R$ 200,00	
LAVAGEM DE VEÍCULOS	2	02/07/2020	R$ 0,00	
OUTRAS DESPESAS NECESSSÁRIAS	2	02/07/2020	R$ 0,00	
TV assinatura	3	02/07/2020	R$ 60,00	
Assinaturas de filmes e música	3	02/07/2020	R$ 30,00	
Assinaturas em sites	3	02/07/2020	R$ 30,00	
Outros pagamentos	3	02/07/2020	R$ 0,00	
Despesas extras	3	02/07/2020	R$ 50,00	
OUTRAS DESP. POUCO NECESSÁRIAS	3	02/07/2020	R$ 0,00	
Despesas com jogos e afins	4	02/07/2020	R$ 0,00	
Queijos finos e outros	4	02/07/2020	R$ 0,00	
Happy Hours	4	02/07/2020	R$ 100,00	
Restaurantes	4	02/07/2020	R$ 200,00	
Churrascos e outros	4	02/07/2020	R$ 100,00	
Decoração	4	02/07/2020	R$ 0,00	
Mensalidade de clubes de compras	4	02/07/2020	R$ 0,00	
Acessórios para carro	4	02/07/2020	R$ 150,00	
Acessórios para casa	4	02/07/2020	R$ 0,00	
Outras despesas desnecessárias	4	02/07/2020	R$ 0,00	
TOTAL DÉBITOS/DESPESAS * Preenchimento automático		R$ 5.960,00	R$ 0,00	

A. Conciliação Bancária

Contas de ativos * coloque o valor que tiver ↘	Valores
Saldo em Conta-Corrente	R$ 0,00
Saldo em Poupança	R$ 0,00
Saldo em aplicações	R$ 0,00
Saldo em AÇÕES	R$ 0,00
Saldo em dinheiro	R$ 0,00
TOTAL ==>	R$ 0,00
OBS: A DIFERENÇA entre o que você tem de ativo (item "A") e a apuração de Saldo (item "C") TEM QUE SER IGUAL A ZERO - (automático) ==>	R$ 0,00

B. Previsão de saldo

Previsão de recebimentos	R$ 5.100,00
Previsão de pagamentos	R$ 5.960,00
Previsão de saldo fim do mês (automático)==>	-R$ 860,00

C. Apuração de saldo

RECEBIDO até o momento	R$ 0,00
PAGO até o momento	R$ 0,00
Saldo entre pagtos. e recebimentos (automático)	R$ 0,00

D. Gráfico de Apuração de Saldo

E. ADMINISTRAÇÃO cartão de crédito

NOME DO CARTÃO	META DE COMPRAS * automático	COMPRAS FEITAS * Atualizar quando usar o cartão	% SOBRE A META automático
B.BRASIL	R$ 2.000,00	R$ 793,11	40%
NUBANK	R$ 600,00	R$ 379,00	63%

CRÉDITOS/RECEITAS

DÉBITOS/DESPESAS

ASSISTA AGORA AO VÍDEO 1 – Praticando o DIAGNÓSTICO FINANCEIRO FAMILIAR. Acesse o site:

https://jbatistapereira20.wixsite.com/website

FASE 3: O TRATAMENTO

Agora, nosso amigo Antônio já sabe o que tem: cefaleia tensional. Ouvindo o que o médico lhe disse acerca dessa doença, e sendo curioso e esperto, ele vai entender que a dor de cabeça que sente é um problema atinge cerca de 38% a 74% e cuja causa provavelmente está relacionada ao estresse, ansiedade e tensão gerados pelo seu novo cargo na empresa. Seu Antônio tem um objetivo em mente: fazer o adequado tratamento de seu problema - eliminar sua cefaleia tensional. Começou a administrar a medicação prescrita, foi trabalhar o estresse e a ansiedade causados pela sua nova função, e voltou a fazer exercícios físicos e de postura. Nosso amigo está no caminho certo!

E o tratamento de nossas finanças?

O diagnóstico financeiro proposto equivale ao resultado de uma auditoria que você fez sobre suas próprias contas. Você colocou tudo na ABA DIAGNÓSTICO de sua planilha SMART FINANCE CONTROL. Depois transportou tudo para a aba do mês vigente, categorizando em 1, 2, 3, e 4. **Ou seja, o que é muito necessário vem primeiro e o que é desnecessário fica para o final.** Com isso você qualificou suas informações. Agora você está começando a compreender o que está acontecendo realmente com você! Agora vai fazer o "tratamento" adequado.

A pergunta elementar: se tenho problema, como vou resolver? Com o correto gerenciamento dos dados que você levantou. **IMPORTANTE:** você fez somente a primeira parte. Ou seja, seguiu passo a passo e chegou num resultado preliminar.

Nesta fase, se oportuno, converse com seu cônjuge, companheiro (a) ou quem divide o orçamento em casa(se houver), para tomada de algumas decisões: Se o resultado de sua auditoria pessoal revelado na coluna "planejado" foi ruim, ou seja, se o saldo final da sua coluna (no final da planilha) for negativo em maior ou menor valor, isso quer dizer que você precisa de ajuda. Porem soluções serão encontradas. Vale lembrar: quanto mais difícil a situação, mais duras precisarão ser as decisões!

Ao concluir este exercício de análise preliminar, você estará apto para nosso desafio mais importante: um trabalho sistemático focado na planilha **SMART FINANCE CONTROL.** Na prática, significa trabalhar focado em sua organização e equilíbrio financeiro. Retomaremos isso no próximo capítulo (cap.4), com nosso exercício de 21 dias.

Importante dizer que a fase do "tratamento", não pode ser negligenciada. Entenda que nesta fase é muito importante a coragem para agir.

É claro que fazer um tratamento rigoroso exige sacrifícios. Por analogia, imagine uma receita médica com 3 medicamentos, os quais você terá que usar. O primeiro é um antibiótico a ser administrado de 8/8 horas. Seu trabalho é ser rigoroso com o horário. O segundo é um remédio injetável, o qual você terá que ir ao hospital todos os dias durante 10 dias. Seu trabalho é ser disciplinado e cumprir todo o tratamento, apesar da dor e do desconforto. O terceiro é um corticosteroide potente a ser administrado 2 x ao dia por 7 dias. Seu trabalho é suportar os efeitos colaterais previstos e não abandonar o tratamento. Percebe como um tratamento de saúde rigoroso exige sacrifícios? Pois o tratamento para equilibrar finanças ocorre da mesma forma.

O saldo que apareceu e que você analisou será seu grande desafio. É o que você vai precisar gerenciar de agora em diante. Ou seja, você fez o seu primeiro "dever de casa" e conseguiu listar e categorizar suas despesas na aba DIAGNÓSTICO, transportando em seguida para a aba do mês vigente, o qual vai iniciar seu controle. Você já está fazendo um belo trabalho em suas finanças, pois começou a mapear sua realidade financeira. Parabéns!

Aqui cabe uma palavra de incentivo a você, caso se encontre com saldo devedor, gastando mais do que recebe. Ou ainda caso esteja trabalhando numa margem muito apertada:

⇨ *"Uma caminhada de mil léguas começa sempre com o primeiro passo"*, diz um provérbio Chinês. Em outras palavras, é preciso encarar as dificuldades com fé e coragem, manter a esperança e jamais desistir!

❖ **PRATICANDO O TRATAMENTO DAS DESPESAS**

Numa realidade financeira deficitária, se for este seu caso, ou mesmo para otimizar suas finanças, duas atitudes são muito validas:

1. Aumentar a renda (demanda bastante difícil, ao menos a curto prazo);
2. Reduzir despesas. Este será nosso foco. Olhe com atenção o quando abaixo. Abra sua planilha na aba do mês, seguindo a ilustração a seguir.

Ilustração 4

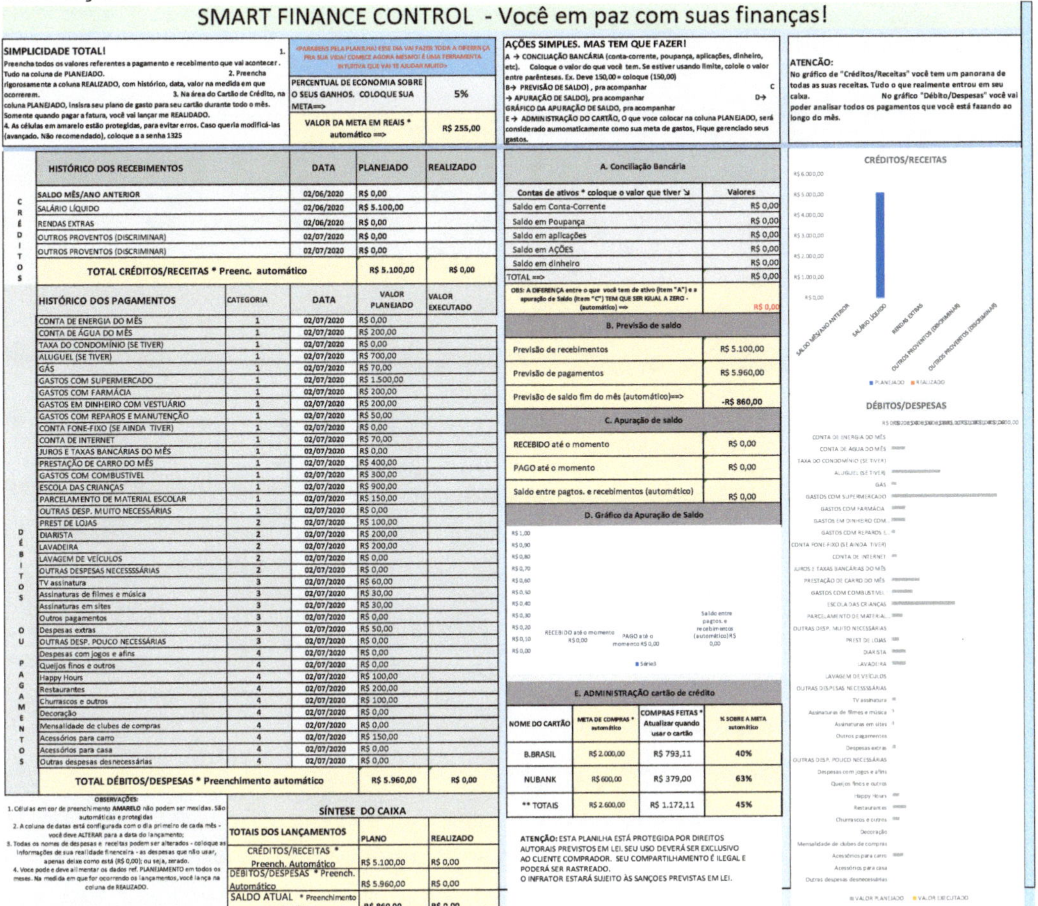

SMART FINANCE CONTROL - Você em paz com suas finanças!

SIMPLICIDADE TOTAL!
Preencha todos os valores referentes a pagamento e recebimento que vai acontecer. Tudo na coluna de PLANEJADO. 2. Preencha rigorosamente a coluna REALIZADO, com histórico, data, valor na medida em que ocorrerem. 3. Na área do Cartão de Crédito, na coluna PLANEJADO, insira seu plano de gasto para seu cartão durante todo o mês. Somente quando pagar a fatura, você vai lançar me REALIZADO. 4. As células em amarelo estão protegidas, para evitar erros. Caso queira modificá-las (avançado. Não recomendado), coloque a senha 1325

«PARABÉNS PELA PLANILHA! ESSE DIA VAI FAZER TODA A DIFERENÇA PRA SUA VIDA! COMECE AGORA MESMO! É UMA FERRAMENTA INTUITIVA QUE VAI TE AJUDAR MUITO»

PERCENTUAL DE ECONOMIA SOBRE O SEUS GANHOS. COLOQUE SUA META==>	5%
VALOR DA META EM REAIS * automático ==>	R$ 255,00

AÇÕES SIMPLES. MAS TEM QUE FAZER!
A → CONCILIAÇÃO BANCÁRIA (conta-corrente, poupança, aplicações, dinheiro, etc). Coloque o valor do que você tem. Se estiver usando limite, colole o valor entre parênteses. Ex. Deve 150,00 = coloque (150,00)
B→ PREVISÃO DE SALDO) , pra acompanhar — C
→ APURAÇÃO DE SALDO), pra acompanhar — D→
GRÁFICO DA APURAÇÃO DE SALDO, pra acompanhar
E → ADMINISTRAÇÃO DO CARTÃO, O que voce colocar na coluna PLANEJADO, será considerado aumomaticamente como sua meta de gastos, Fique gerenciado seus gastos.

ATENÇÃO:
No gráfico de "Créditos/Receitas" você tem um panorana de todas as suas receitas. Tudo o que realmente entrou em seu caixa. No gráfico "Débito/Despesas" você vai poder analisar todos os pagamentos que você está fazendo ao longo do mês.

HISTÓRICO DOS RECEBIMENTOS	DATA	PLANEJADO	REALIZADO
SALDO MÊS/ANO ANTERIOR	02/06/2020	R$ 0,00	
SALÁRIO LÍQUIDO	02/06/2020	R$ 5.100,00	
RENDAS EXTRAS	02/06/2020	R$ 0,00	
OUTROS PROVENTOS (DISCRIMINAR)	02/07/2020	R$ 0,00	
OUTROS PROVENTOS (DISCRIMINAR)	02/07/2020	R$ 0,00	
TOTAL CRÉDITOS/RECEITAS * Preenc. automático		R$ 5.100,00	R$ 0,00

HISTÓRICO DOS PAGAMENTOS	CATEGORIA	DATA	VALOR PLANEJADO	VALOR EXECUTADO
CONTA DE ENERGIA DO MÊS	1	02/07/2020	R$ 0,00	
CONTA DE ÁGUA DO MÊS	1	02/07/2020	R$ 200,00	
TAXA DO CONDOMÍNIO (SE TIVER)	1	02/07/2020	R$ 0,00	
ALUGUEL (SE TIVER)	1	02/07/2020	R$ 700,00	
GÁS	1	02/07/2020	R$ 70,00	
GASTOS COM SUPERMERCADO	1	02/07/2020	R$ 1.500,00	
GASTOS COM FARMÁCIA	1	02/07/2020	R$ 200,00	
GASTOS EM DINHEIRO COM VESTUÁRIO	1	02/07/2020	R$ 200,00	
GASTOS COM REPAROS E MANUTENÇÃO	1	02/07/2020	R$ 50,00	
CONTA FONE-FIXO (SE AINDA TIVER)	1	02/07/2020	R$ 0,00	
CONTA DE INTERNET	1	02/07/2020	R$ 70,00	
JUROS E TAXAS BANCÁRIAS DO MÊS	1	02/07/2020	R$ 0,00	
PRESTAÇÃO DE CARRO DO MÊS	1	02/07/2020	R$ 400,00	
GASTOS COM COMBUSTIVEL	1	02/07/2020	R$ 300,00	
ESCOLA DAS CRIANÇAS	1	02/07/2020	R$ 900,00	
PARCELAMENTO DE MATERIAL ESCOLAR	1	02/07/2020	R$ 150,00	
OUTRAS DESP. MUITO NECESSÁRIAS	1	02/07/2020	R$ 0,00	
PREST DE LOJAS	2	02/07/2020	R$ 100,00	
DIARISTA	2	02/07/2020	R$ 200,00	
LAVADEIRA	2	02/07/2020	R$ 200,00	
LAVAGEM DE VEÍCULOS	2	02/07/2020	R$ 0,00	
OUTRAS DESPESAS NECESSSÁRIAS	2	02/07/2020	R$ 0,00	
TV assinatura	3	02/07/2020	R$ 60,00	
Assinaturas de filmes e música	3	02/07/2020	R$ 30,00	
Assinaturas em sites	3	02/07/2020	R$ 30,00	
Outros pagamentos	3	02/07/2020	R$ 0,00	
Despesas extras	3	02/07/2020	R$ 50,00	
OUTRAS DESP. POUCO NECESSÁRIAS	3	02/07/2020	R$ 0,00	
Despesas com jogos e afins	4	02/07/2020	R$ 0,00	
Queijos finos e outros	4	02/07/2020	R$ 0,00	
Happy Hours	4	02/07/2020	R$ 100,00	
Restaurantes	4	02/07/2020	R$ 200,00	
Churrascos e outros	4	02/07/2020	R$ 100,00	
Decoração	4	02/07/2020	R$ 0,00	
Mensalidade de clubes de compras	4	02/07/2020	R$ 0,00	
Acessórios para carro	4	02/07/2020	R$ 150,00	
Acessórios para casa	4	02/07/2020	R$ 0,00	
Outras despesas desnecessárias	4	02/07/2020	R$ 0,00	
TOTAL DÉBITOS/DESPESAS * Preenchimento automático			R$ 5.960,00	R$ 0,00

A. Conciliação Bancária

Contas de ativos * coloque o valor que tiver ↘	Valores
Saldo em Conta-Corrente	R$ 0,00
Saldo em Poupança	R$ 0,00
Saldo em aplicações	R$ 0,00
Saldo em AÇÕES	R$ 0,00
Saldo em dinheiro	R$ 0,00
TOTAL ==>	R$ 0,00
OBS: A DIFERENÇA entre o que você tem de ativo (Item "A") e a apuração de Saldo (Item "C") TEM QUE SER IGUAL A ZERO - (automático) ==>	R$ 0,00

B. Previsão de saldo

Previsão de recebimentos	R$ 5.100,00
Previsão de pagamentos	R$ 5.960,00
Previsão de saldo fim do mês (automático)==>	-R$ 860,00

C. Apuração de saldo

RECEBIDO até o momento	R$ 0,00
PAGO até o momento	R$ 0,00
Saldo entre pagtos. e recebimentos (automático)	R$ 0,00

D. Gráfico da Apuração de Saldo

E. ADMINISTRAÇÃO cartão de crédito

NOME DO CARTÃO	META DE COMPRAS * automático	COMPRAS FEITAS * Atualizar quando usar o cartão	% SOBRE A META automático
B.BRASIL	R$ 2.000,00	R$ 793,11	40%
NUBANK	R$ 600,00	R$ 379,00	63%
** TOTAIS	R$ 2.600,00	R$ 1.172,11	45%

ATENÇÃO: ESTA PLANILHA ESTÁ PROTEGIDA POR DIREITOS AUTORAIS PREVISTOS EM LEI. SEU USO DEVERÁ SER EXCLUSIVO AO CLIENTE COMPRADOR. SEU COMPARTILHAMENTO É ILEGAL E PODERÁ SER RASTREADO.
O INFRATOR ESTARÁ SUJEITO ÀS SANÇÕES PREVISTAS EM LEI.

OBSERVAÇÕES:
1. Células em cor de preenchimento AMARELO não podem ser mexidas. São automáticas e protegidas
2. A coluna de datas está configurada com o dia primeiro de cada mês - você deve ALTERAR para a data do lançamento;
3. Todas os nomes de despesas e receitas podem ser alterados - coloque as informações de sua realidade financeira - as despesas que não usar, apenas deixe como está (R$ 0,00); ou seja, zerado.
4. Você pode e deve alimentar os dados ref. PLANEJAMENTO em todos os meses. Na medida em que for ocorrendo os lançamentos, você lança na coluna de REALIZADO.

SÍNTESE DO CAIXA

TOTAIS DOS LANÇAMENTOS	PLANO	REALIZADO
CRÉDITOS/RECEITAS * Preench. Automático	R$ 5.100,00	R$ 0,00
DÉBITOS/DESPESAS * Preench. Automático	R$ 5.960,00	R$ 0,00
SALDO ATUAL * Preenchimento automático	-R$ 860,00	R$ 0,00

Observe nessa planilha acima, a hipótese de uma pessoa que ganha por mês um valor líquido de R$ 5.100,00. Entretanto, está gastando R$ 5.960,00 por mês. Ou seja, está gastando R$ 860,00 além de seu próprio ganho. Portanto está no vermelho.

De volta à sua planilha: considerando que você colocou cada despesa sua dentro da categoria certa, as despesas menos importantes ficaram no final. Certo?

Agora, te pergunto: qual a realidade que você encontrou? Se você está gastando menos que recebe, parabéns! Se está gastando tudo o que recebe e não consegue guardar nada, cuidado! Você vai precisar deste treinamento. <u>Agora, se você está mais para o exemplo ilustrado acima, ou seja, se você está gastando mais do que recebe, é urgente que você se reeduque. Calma. Você está no lugar certo.</u>

Vamos considerar de agora em diante uma necessidade de ajustar despesas x receitas. Siga os passos a seguir:

Primeiro passo: Vá para sua planilha SMART FINANCE CONTROL, acesse a aba do mês e faça uma revisão de suas despesas, com base no quadro de categorização (pág. 17). Aqui você precisa deixar cada despesa dentro de sua categoria correta. Em seguida, faça o mesmo com os meses subsequentes.

Exemplo de categorização:

Categoria 1 Muito necessária	Categoria 2 Necessária	Categoria 3 Pouco necessária	Categoria 4 Desnecessária
CONTA DE ENERGIA DO MÊS	PREST DE LOJAS	TV assinatura	Despesas com jogos e afins
CONTA DE ÁGUA DO MÊS	DIARISTA	Assinaturas de filmes e música	Queijos finos e outros
TAXA DO CONDOMÍNIO (SE TIVER)	LAVADEIRA	Assinaturas em sites	Happy Hours
ALUGUEL (SE TIVER)	LAVAGEM DE VEÍCULOS	Outros pagamentos	Restaurantes
GÁS	OUTRAS DESPESAS NECESSSSÁRIAS	Despesas extras	Churrascos e outros
GASTOS COM SUPERMERCADO		OUTRAS DESP. POUCO NECESSÁRIAS	Decoração
GASTOS COM FARMÁCIA			Mensalidade de clubes de compras
GASTOS EM DINHEIRO COM VESTUÁRIO			
GASTOS COM REPAROS E MANUTENÇÃO			

Segundo passo: Pegue um caderno, ou abra um arquivo de texto em seu computador, coloque os gastos que você já pode cortar e/ou reduzir no mês vigente e nos próximos. Naturalmente a começar pelas despesas de categoria 4, passando pela categoria 3 e assim por diante.

Terceiro passo: Transforme suas anotações de cortes e reduções em plano dentro da planilha do mês. Como? Na hipótese que você ter iniciado seu controle no mês de julho, atualize as despesas conforme se propõe a cortar. O primeiro mês, é mais difícil, mas geralmente já permite cortes. Verifique que na medida em que você altera, reduzindo ou zerando valores da coluna "Valor Planejado", seu "Saldo Atual" no final desta mesma coluna vai se modificando e melhorando. Esse é o racional!

Quarto passo: Depois dos cortes e ajustes que você foi obrigado a fazer no mês vigente (aqui tomamos como exemplo o mês de julho), cortando e reduzindo despesas da categoria 4 até a categoria 1, você vai partir para o mês seguinte, lançando tudo também na coluna PLANEJADO: ganhos e despesas em seu devido lugar. Vai seguir cortando valores e ajustando despesas. Depois vá para mês seguinte, e assim por diante, até chegar ao último mês do ano. Faça tudo com cuidado e sem pressa.

Obs. 1:   Perceba você, **que todos os <u>totais</u> são preenchidos automaticamente** e que <u>todos os meses estão interligados na planilha.</u> Significa dizer <u>que a partir do momento em que você faz o planejamento do primeiro mês, este mês vai se refletir no saldo inicial do segundo e assim por diante.</u> Esse recurso é muito interessante para você ter domínio de todo ano financeiro de maneira rápida e descomplicada.

Obs. 2: Essa planilha é contínua. Ou seja, quando você chegar a fim do exercício do ano (dezembro), você pode salvar essa planilha toda finalizada e começar uma nova para o ano seguinte (um novo arquivo da mesma planilha), iniciando pelo PLANEJAMENTO, conforme já te ensinamos. Ou seja, para o ano seguinte, você faz todo PLANEJAMENTO anual para em seguida ir "executando" mês a mês. E assim por diante. Veja nosso vídeo explicativo. Ele é primeiro vídeo de uma serie de 6. Vai ajudar você, tirando dúvidas e deixando você habilidoso nas finanças.

ASSISTA AGORA AO VÍDEO 2 – Praticando o tratamento das despesas. Acesse o site:

https://jbatistapereira20.wixsite.com/website

FASE 4: A MANUTENÇÃO

Algum tempo depois que nosso amigo Antônio enfrentou seu problema, primeiro descobrindo o que tinha, depois se tratando adequadamente, agora ele está contente. Os sintomas desapareceram. Sua qualidade de vida voltou. Porém, o médico lhe advertiu: é preciso cuidar de todos os fatores que desencadearam seu quadro de Cefaleia Tensional, para evitar que em um dado momento ela volte a te atacar.

E assim fez nosso obstinado paciente. Lembrando do que sofrera, seguiu à risca os cuidados prescritos pelo médico e agora se mantem saudável e feliz.

Essa analogia parece simplista, mas ajudar a entender que o que desejamos não vai cair do céu, mas precisa ser construído com obstinação. E o resultado vai aparecer.

✓   **E a manutenção de nossas finanças?**

Manter as finanças sob controle é um trabalho de vigilância constante, e o principal estímulo para isso é exatamente a lembrança dos erros do passado, e do quanto custou para a família, fazer uma reeducação financeira. Logo, qualquer vacilo neste departamento (financeiro) pode gerar desequilíbrio. Qualquer descuido ou descompromisso com o adequado planejamento pode colocar tudo em risco.

Do ponto de vista prático, fazer a manutenção das finanças é ser seu próprio contador. É Tomar o controle orçamentário como regra de ouro para todas as decisões que envolvem dinheiro. Lembrando que quase todas as decisões por mais simples que sejam, implicam em determinado custo.

É muito interessante, antes de tomar decisões no âmbito familiar, consultar sua planilha financeira. Coloque lá o custo estimado para determinada decisão a ser tomada. Um móvel que deseja adquirir, um carro que deseja trocar, uma viagem que deseja fazer. Isso fará toda diferença.

Não faça como muitos que fazem a despesa e depois pensam em como pagar! Primeiro pense em como vai pagar, lançando na planilha, depois, se aprovado, realize e compra. No próximo capítulo, veremos isso na prática!

4.   ORÇAMENTO PESSOAL: 21 dias praticando a planilha

Nós, humanos somos seres aprendentes. Um dos elementos que mais belos de nossa natureza é que aprendemos o tempo todo e em todo o lugar! Desde o nascimento, nossa mente inicia um longo processo de aprendizagem e amadurecimento. Por que falamos disso? Porque, apesar de nossa vocação natural para o aprendizado e o conhecimento, muitas vezes, por inúmeros motivos, desvirtuamos essa vocação. Em outras palavras, partimos para uma acomodação, uma renúncia ao enorme potencial que temos. Neste sentido, nosso maior inimigo torna-se nós mesmos!

Nossa maior dificuldade é a tentação de abandonar nossos sonhos, e mergulhar em autopiedade e derrotismo. Isso se reflete em todas as áreas de atuação humana, inclusive na financeira, que é objeto de nossa proposta. Por vários motivos negligenciamos esse importante setor da vida.

Nossa proposta é reassumir as diretrizes das finanças. Nossa ajuda caminha em direção do controle, do bom senso, da disciplina. Estes elementos serão de grande ajuda em nossa proposta. Siga em frente!

O conceito de 21 dias é simples: é um exercício que propomos a você para que se habitue em fazer a coisa certa! Estudos apontam que, se executarmos uma atividade focada, com método, disciplina e perseverança por 21 dias seguidos, nossa mente vai assimilar aquele hábito. Uma vez assimilado, passamos a fazê-lo sem sofrimento, porque fará parte da sua rotina.

Reiteramos a você o convite de se juntar a muitos que aceitaram este desafio! O desafio de fazer um adequado PLANEJAMENTO de finanças, mês a mês. O desafio de levar uma vida de acordo com as possibilidades que você tem no momento. O desafio de seguir executando suas despesas com responsabilidades e na medida que o seu orçamento permitir. É claro que não é proposta de acomodação.

Importante frisar que todos podemos e devemos buscar meios lícitos de melhorar de condição financeira. À medida que melhoramos nossa renda, ampliamos nossas possibilidades de conforto e segurança.

O resultado vai te surpreender positivamente. As finanças agradecem antecipadamente!

4.1   Entendendo bem as funções da planilha

Se você fez o que foi proposto desde o capítulo 3 (RECONSTRUINDO AS FINANÇAS: Uma proposta inteligente), **você já começou bem no que se refere <u>ao conhecimento a planilha</u>, a qual, de agora em diante, vai usar todos os dias, por 21 dias consecutivos.**

Você conseguiu concluir toda a parte do Planejamento? Você lançou despesas e receitas na coluna PLANEJAMENTO deste o mês inicial até dezembro? O que achou deste exercício? De acordo com a proposta, na medida de sua necessidade, você foi cortando e reduzindo despesas conforme a categoria dessas despesas? Qual foi seu resultado?

Por que fazemos estas perguntas? Porque é necessário você ter em mãos o domínio de ganhos e gastos para poder controlar tudo com o passar dos dias e meses.

Se você planejou cortes e reduções de julho a dezembro, por exemplo, esta nova etapa agora, vai te ensinar a fazer seu caixa diário,

cumprindo metas, fazendo e refazendo ajustes necessários. Para isso você vai precisar conhecer mais as funções de sua planilha.

Você pode estar questionando por que só agora vamos propor conhecer as outras funções da planilha? A resposta é simples. Pedagogicamente é mais interessante conhecer esta ferramenta por partes. Veja bem: Você conheceu a parte que tratou do planejamento, ou seja, você aprendeu a colocar mês a mês as despesas e receitas e conferindo o resultado a cada mês. Lembrando que os meses estão interligados. O lançamento planejado em um mês reflete nos resultados do planejamento do mês subsequente e assim por diante. Note que quando você trabalhou na parte de PLANEJAMENTO, colocando despesas por categoria mês a mês, cortando e reduzindo despesas, você ficou mais seguro para seguir as novas etapas.

Neste segundo vídeo você vai ter uma visão geral de sua planilha Smart Finance Control. Vai conhecer os recursos bem como sua aplicabilidade prática. Vai entender as funcionalidades, as soluções que a planilha oferece. Tudo bem simples e intuitivo.   Siga em frente!

ASSISTA AGORA AO VÍDEO 3 – Entendendo bem a planilha.

Acesse o site:

https://jbatistapereira20.wixsite.com/website

4.2   Alimentando os dados

Considerando que você assistiu ao vídeo, e compreendeu a importância dos recursos dele, nesta fase, vamos avançar no preenchimento da planilha. Aqui inclui a "conciliação bancária", que significa o processo de comparação entre o extrato bancário com as informações de sua planilha.

É nessa atividade que o usuário deve colocar despesas, recebimentos, observando o saldo que ficará disponível, conferindo se as movimentações previstas foram realizadas e se os resultados encontrados apresentam ou não divergências.

Tudo o que foi planejado na fase anterior, vai ser checado nesta fase, inclusive o seu saldo no exato momento em que estiver gerenciado suas contas. Vai ser seu momento de lançar despesas e receitas realizadas.

ASSISTA AGORA AO VÍDEO 4 – Alimentando dados

Acesse o site:

https://jbatistapereira20.wixsite.com/website

4.3   Analisando o perfil de consumo

Analisar o perfil de consumo é fazer um olhar crítico sobre todos os componentes de sua planilha, como os gráficos, as tabelas, as projeções mês a mês. É ter a capacidade de analisar os gráficos que são gerados e traçar metas adequadas para otimizar suas despesas. Neste trabalho você vai analisar o que mais pesa em seu orçamento, quais os seus maiores desafios de economia. Tudo isso numa visão a curto e médio prazo.

Uma coisa é você fazer uma lista de seus ganhos e de suas despesas de determinado mês, outra coisa é você ter uma visão do todo. O orçamento de uma família é contínuo.

Outro elemento muito importante é a previsibilidade. Conhecendo adequadamente o seu perfil de consumo, ou seja, seus hábitos, comportamentos, tendências etc., você terá todas as condições de corrigir distorções, alinhar projetos, adiar projetos.

Entretanto, o mais importante disso tudo, é que você vai estar sempre no controle. Isso é fundamental para quem deseja ser bem sucedido nas finanças e conquistar o que deseja. Siga em frente.

ASSISTA AGORA AO VÍDEO 5 – Analisando o perfil de consumo

Acesse o site:

https://jbatistapereira20.wixsite.com/website

4.4   Gerenciamento de cartão de crédito

A primeira coisa que você precisar internalizar é como usar adequadamente seu cartão de crédito. Ao contrário do que muita gente faz, o cartão de crédito não deve ser usado para financiar suas contas do dia a dia. Como se costuma dizer, empurrar uma conta para frente. O cartão de crédito serve muito bem para concentrar compras recorrentes, como mercado, farmácia e outros. Como se fosse um caixa com prazo bem definido para ser pago. Outra utilidade do cartão é para compras de valor elevado, como eletroeletrônicos e afins, desde que feito antes da compra a previsão das parcelas dentro da planilha.

ASSISTA AGORA AO VÍDEO 6 – Gerenciamento de cartão de crédito
Acesse o site:

https://jbatistapereira20.wixsite.com/website

4.5   A atualização diária

A atualização diária é um desafio de perseverança. Atualizar sua planilha nada mais é do que "fazer seu caixa diário". O que você deve fazer? Deve acessar o seu banco, verificar os lançamentos recentes e o saldo, abrir a planilha e colocar os lançamentos novos lá. Ao final desta atividade, que geralmente é bem rápida, você concilia o seu saldo bancário com o sando de sua planilha já atualizada. Os valores do banco e da planilha devem estar batendo até os centavos. Isso é controle. E o controle é palavra-chave neste processo.

Esta atualização periódica é fundamental para você ter em suas mãos o controle de sua vida financeira. Nesta atividade, você alimenta não só os lançamentos que ocorreram, como projeta e analisa os futuros lançamentos.

Você pode e deve consultar esta planilha para tomada de decisões sobre compra de qualquer objeto ou serviço que implique novos gastos.

Você vai seguir entendendo esta planilha como um recurso valioso para você se organizar e se manter organizado. Um recurso para não cair na armadilha da empolgação. Um recurso para fazer o que tem que ser feito de forma organizada e previsível.

ASSISTA AGORA AO VÍDEO 7 – Atualizando a planilha diariamente
Acesse o site:
https://jbatistapereira20.wixsite.com/website

5. PLANO FINANCEIRO:

E agora? O que fazer para conquistar outros sonhos?

Eu pergunto a você: o que são sonhos? Sonhos, no sentido que queremos colocar aqui, são projeções que desejamos fazer ou construir. Sonhos são expectativas que funcionam como estimulantes para nossas realizações e conquistas!

Entretanto, é bom dizer que as realizações e conquistas que você pode conseguir estão diretamente relacionadas com o estilo de vida que você adota.

Aqui não temos o objetivo de dar uma consultoria para investimentos ou coisa parecida. A proposta deste curso é bem clara: Controle de finanças, para você ter possibilidade de seguir adiante.

Porém, é muito importante você ter consciência que se viver em equilíbrio financeiro é fundamental, é igualmente necessário fazer projetos a curto, médio e longo prazo. Só quem está equilibrado será capaz disso. Por um motivo muito simples: não estará ocupado demais "apagando incêndios". Não estará ocupado demais correndo atrás de um dinheiro que não tem.

Um sonho, o que naturalmente estamos aqui falando de um desejo, pode tornar-se realidade, na medida que traçamos metas, com métodos definidos e com obstinação no cumprimento dessas metas. Tal qual deve acontecer quando nosso desejo é o mais comum de todos, que é viver num orçamento equilibrado, devemos construir um projeto seguro, sem enganos sem fantasias.

Superado o "sonho comum", iremos partir para sonhos mais altos e mais prazerosos: uma viagem, a compra de um carro, a compra de um apartamento etc. Isso é normal!

Portanto, se queremos realizar sonhos maiores, vamos precisar também construir um projeto seguro: um adequado planejamento, com métodos, estratégias, controle, persistência e obstinação.

Selecionamos para você algumas orientações, que são frutos da experiência de muita gente. Frutos de reflexões adquiridas em diferentes contextos e com diferentes pessoas. Gente como eu e você que já errou e já acertou. Mas sobretudo, gente que aprendeu com as lições da vida! Gente que soube tirar uma lição positiva de cada passo dado e cada decisão tomada.

Não tome essas orientações como como projetos ou desafios que servirão para outras pessoas. Estas orientações são para você mesmo! São orientações imprescindíveis para quem deseja sucesso financeiro. Imprescindíveis para qualquer equilíbrio de orçamento.

Siga em frente!

❖ ORIENTAÇÕES QUE VALEM OURO

1	O dinheiro é um elemento essencial no dia-a-dia, por isso sempre precisará ser bem cuidado.
2	Nunca conte com um dinheiro que ainda não está em sua mão. Exceto aquele do seu trabalho, que tem um dia certo.
3	Não queira levar um padrão de vida acima de suas posses. O ideal é viver com um padrão de vida um pouco abaixo do que pode.
4	As obrigações e dívidas saudáveis podem e devem ocorrer, mas nunca acima do que pode pagar.
5	Coloque para você mesmo uma meta de economia mensal. O dinheiro será seu aliado. Isso é investimento para o futuro.
6	Não acredite em propostas de dinheiro fácil. Geralmente o resultado é "prejuízo fácil".
7	Use apenas um cartão de crédito e sem anuidade. A operadora de cartão já ganha com suas compras.
8	Não use o cartão como financiador de suas compras, com parcelados a perder de vista. O cartão dever servir apenas para facilitar seu controle.
9	Trabalhe apenas com banco. De preferência digital. Se necessário vá para um que lhe dê mais benefícios.
10	As compras à vista devem ser sua prioridade, e sempre barganhe um desconto.
11	Quando for comprar um objeto, faça-se a pergunta: eu estou mesmo precisando disso? Nunca compre por impulso.
12	Considere os imprevistos. O dinheiro que você tem como

reserva, precisa ter liquidez ao menos em parte.

6. CONSIDERAÇÕES FINAIS

Se financeiramente estivermos indo bem no presente, com boas decisões, com boas ferramentas de controle, com boa disciplina, certamente pavimentaremos o caminho que nos levará a um futuro tranquilo, sem a necessidade de baixar nossa qualidade de vida. Isso é o sonho de muita gente, mas poucos estão conseguindo. Você tem o direito de conseguir isso!

E é com esse pensamento que se ter o direito de conseguir o que se deseja, de maneira lícita, transparente e inteligente que vamos nos despedir deste curso.

Contudo, é necessário voltar ao início, para dizer que todo esforço, todo projeto, todo empreendimento, todo sonho, todo desafio, precisa ser construído primeiramente dentro de nós mesmos! A capacidade de ação está em nós! Podemos liderar nosso próprio destino! A prerrogativa da conquista é indelével e está em nossas mãos!

Não conheço pessoalmente você, caro leitor, mas conheço parte de sua humanidade, porque é a mesma minha! Porque independente de etnia, cultura, origens, somos todos *homo sapiens*! Precisamos sobreviver com dignidade, precisamos interagir com nossos pares, precisamos desenvolver todo potencial que há em nós!

Aprender com os erros e crescer infinitamente com nossos acertos – eis o nosso maior desafio humano!

Esteja bem.

7. REFERÊNCIAS BIBLIOGRÁFICAS

BODIE, Zvi e MERTON, Robert C; trad. James Sunderland Cook. Finanças. Porto Alegre; Bookman, 2002.

CERBASI, Gustavo P. Casais Inteligentes Enriquecem Juntos. São Paulo: Gente, 2004.

COVEY, Stephen. Primeiro o mais importante. Rio de Janeiro: Campus, 2003.

EDLER, Richard. Há, se eu soubesse...o que as pessoas bem-sucedidas gostariam de sabido 25 anos atrás. São Paulo: Negócio Editora, 1995.

FRANKENBERG, Louis. Seu futuro financeiro. 12ª ed., Rio de Janeiro: Campus, 1999.

HUNTER, James C.O monge e o executivo: uma história sobre a essência da liderança.19ª ED, Rio de Janeiro: Sextante, 2004.

KIYOSAKI, Robert T.; LECHTER, Sharon L. pai rico, pai pobre: o que os ricos ensinam a seus filhos sobre dinheiro. Tradução de Maria José C. Monteiro. 60º ed.; RJ: Elsevier, 1998.

www.ingramcontent.com/pod-product-compliance
Lightning Source LLC
Chambersburg PA
CBHW040948110726
48006CB00007B/1308